1

EDIT DV ROY, PORTANT

Suppreſſion d'vne partie des Officiers des Elections de ce Royaume, tant en chef que particuliers, Receueurs des Tailles & du Taillon, Payeurs des Mareſchauſſées, & Payeurs des gages & droicts deſdites Elections : Tous leſquels Officiers ſupprimez ſeront rembourſez. Et augmentation de fonctions & émolumens à ceux qui ſont retenus & conſeruez, auec pouuoir de iuger ſans appel, iuſques à la ſomme de vingt liures pour les cottes des particuliers.

Verifié en la Chambre des Comptes & Cour des Aydes le 9. Mars 1654.

LOVIS, par la grace de Dieu, Roy de France & de Nauarre. à tous preſens & à venir, Salut. Ayans eſté cy-deuant contraints à noſtre grand regret, de recourir à diuers moyens, pour fournir aux dépenſes extraordinaires que nous ſommes obligez de ſupporter, pour conſeruer noſtre Eſtat contre les entrepriſes d'vn puiſſant Ennemy, qui n'oublie rien pour taſcher à prendre quelque aduantage ſur nous, tant par les hoſtilitez ouuertes qu'il exerce depuis pluſieurs années, que par les ſeditions & reuoltes qu'il eſſaye tous les iours d'exciter & fomenter

A

dans noſtre Royaume : Et comme il n'eſt pas poſſible que les propoſitions qui nous ont eſté faites ſur ce ſujet, ne tournent en quelque ſorte à la ſurcharge de noſtre peuple, Nous auons creu en deuoir chercher quelques-vnes pour le ſoulager, & luy rendre le fardeau des Tailles plus ſupportable. Et apres auoir fait examiner par des principales perſonnes de noſtre Conſeil, les Aduis qui nous ont eſté donnez, Nous n'en auons point reconnu de plus vtile & neceſſaire, que celuy de la ſuppreſſion de pluſieurs Offices, dont nous auons reconnu la fonction preiudiciable à nos Subjets, tant par la multiplicité d'iceux, & de leurs priuileges & exemptions, que par les fraudes & abus qu'y commettent la pluſpart de ceux qui en ſont pourueus : Et ne s'en rencontrans point dont le nombre ſoit plus grand & moins neceſſaire, que les Officiers des Elections, eſtablis fort prudemment dans leur commencement, & depuis augmentez ſous l'eſperance qu'vn plus grand nombre contribuëroit à faire l'aſſiette de nos Tailles auec plus de iuſtice & égalité, & la leuée auec plus de facilité: Mais comme il arriue d'ordinaire par la corruption qui s'introduit inſenſiblement dans toutes les choſes du monde, que les ordres eſtablis à meilleure fin, s'alterent tellement auec le temps, qu'au lieu de l'vtilité qu'on auoit eſperée, ils produiſent vn effet contraire, on a éprouué depuis quelques années, que le grand nombre d'Officiers créez eſdites Elections, dont on s'eſtoit promis que la fonction ſeroit vtile au public, n'a ſeruy qu'à ſouſtraire & exempter ſes

plus riches taillables de nos Prouinces, par le
priuilege de leurs Charges, & ſous l'authorité
d'icelles, à décharger leurs parens, alliez & con-
ſidens, & à ſurcharger les pauures & les foibles,
faiſant tomber nos Tailles en non valleurs par
l'inegalité de leurs impoſitions ; Ce qui nous a
contraint d'accorder de grandes & extraordinaires remiſes par les Traittez que nous auons
faits, pour tirer vn plus prompt ſecours des deniers de noſd. Tailles: Leſquels ſans les abus có-
mis par leſd. Eleus, pouroient eſtre portez à noſtre Eſpargne ſans aucune diminution, & ſeruir
aux dépenſes plus preſſées. A CES CAVSES,
Sçauoir faiſons, Qu'ayant fait mettre cette af-
faire en deliberation en noſtre Conſeil, auquel
eſtoient la Reyne noſtre tres-honorée Dame &
Mere, aucuns Princes de noſtre Sang, autres
Princes, Ducs, Pairs & Officiers de noſtre
Couronne, & autres grands Perſonnages: De
l'Aduis d'iceluy, & de noſtre certaine ſcience,
pleine puiſſance & authorité Royale, Nous
auons par noſtre preſent Edit perpetuel & irre-
uocable, eſteint & ſupprimé, eſteignons & ſup-
primons les Officiers des Elections de ce
Royaume, tant en chef que particuliers, Receueurs des Tailles & du Taillon, & Payeurs des
Mareſchauſſées ; Enſemble les Payeurs des gages & droicts deſdits Eleus, fors & excepté ceux
cy-apres declarez & ſpecifiez, leſquels nous
auons retenus & conſeruez ſelon l'ordre de leur
reception, ſans qu'à l'aduenir leſdits Officiers
reſeruez puiſſent eſtre ſupprimez pour quelque
cauſe & ſous quelque pretexte que ce ſoit: Sça-

A ij

uoir és Elections compoſées de cent Parroiſſes,
& au deſſus, les deux Preſidens, vn Lieutenant,
l'Aſſeſſeur, & quatre Eleus, vn noſtre Procureur,
les Greffiers, vn Receueur des Tailles, vn Receueur du Taillon, lequel toutefois ne pourra
eſtre poſſedé ny exercé que par ledit Receueur
des Tailles : Et és autres Elections au deſſous
de cent Parroiſſes, vn Preſident, vn Lieutenant,
vn Aſſeſſeur, deux Eleus, vn noſtre Procureur,
les Greffiers, vn Receueur des Tailles, & vn
Receueur du Taillon, aux conditions que deſſus : Et en chacune deſdites Elections, les Huiſſiers & Sergens des Tailles qui y ſont preſentement eſtablis, leſquels toutefois ne doiuent
ioüir d'aucune exemption des Tailles. Et attendu que l'Election de noſtre bonne Ville de Paris
eſt compoſée d'vn ſi grand nombre de Parroiſſes, que ſi nous auions retranché les Officiers
d'icelle, il n'en reſteroit pas ſuffiſamment pour
rendre la Iuſtice à nos Subiets, tant ſur le fait de
nos Tailles, faire leurs cheuauchées dans leſdites Parroiſſes, connoiſtre des differends qui arri-
uent pour la perception des droicts de nos Fermes des Aydes, Entrées, cinq groſſes Fermes,
barrages; generalement pour vacquer en meſme
temps aux diuerſes fonctions de leurs Charges,
Nous n'entendons comprendre en la ſuppreſſion portée par le preſent Edit, le Preſident, les
Lieutenans, l'Aſſeſſeur, les Eleus, les Controlleurs Eleus, nos Aduocat & Procureur anciens,
les Greffiers, & trois Receueurs des Tailles de
ladite Election de Paris, & vn Receueur particulier du Taillon, lequel auſſi ne pourra eſtre

exercé ny poſſedé que par leſdits Receueurs des
Tailles; A la charge de payer par chacun deſdits
Officiers reſeruez, les ſommes auſquelles ils
ſeront moderement taxez en noſtre Conſeil.
Voulons que leſdits Preſidens eſdites Elections
faſſent la fonction de Commiſſaires Examina-
teurs, & leſdits Lieutenans celle de Garde ſcels,
& leſdits Aſſeſſeurs & Eleus celle de Controlleurs de la recepte deſdites Tailles, chacun à
leur tour, d'année en année : Et quant auſdits
Receueurs des Tailles, ils feront la recepte des
deniers du Taillon, droicts & gages deſdits Officiers, & des Aydes & équiualans, coniointe-
ment auec ceux de nos Tailles ; ſeront leurs
contraintes executées pour toutes les années
par meſmes Huiſſiers & Sergens : Et ſeront leſdits Receueurs des Tailles és grandes Elections
tenus d'eſtablir des Bureaux de recepte és lieux
qui leur ſeront par nous ordonnez, pour la facilité du payement deſdits deniers : Voulons &
entendons que les ſuſdits Officiers ſupprimez,
ſoient à l'aduenir compris dans les rolles des
Tailles, ſelon leurs biens & facultez, comme les
autres taillables de noſtre Royaume, à commencer du premier iour de Ianvier dernier : Et
que des deniers qui ſeront receus par leſdits Receueurs des Tailles, ils payeront de quartier en
quartier, & par preference les deniers du Taillon & ſolde, aux Receueurs generaux du Taillon, & Treſorier general de la ſolde pour ce
creez & eſtablis, pour eſtre par eux diſtribuez &
payez ſelon l'ordre de nos Eſtats en la maniere
accouſtumée : Et ioüiront les Officiers par

nous retenus, des meſmes gages, droicts, priuileges & exemptions dont ils ont ioüy iuſques à
preſent ; faiſant defenſes à tous les autres Officiers par nous preſentement ſupprimez, de s'im-
miſſer en la fonction & exercice deſdites charges, à peine de faux, & d'eſtre décheus de leurs
rembourſemens. Et d'autant que noſtre inten-
tion n'eſt pas par cette ſuppreſſion de priuer de
rembourſement, ny de la ioüiſſance des droicts,
ceux qui ſont pourueus deſdits Offices ſupprimez par le preſent Edit, qu'ils ont acquis ſous
la foy publique de nos Edits, Nous voulons que
leſdits Officiers ſupprimez ioüiſſent à l'aduenir
des droicts hereditaires à eux attribuez pour
deux quartiers, ainſi qu'ils ont fait pendant les
années dernieres ; Et qu'eux, leurs heritiers, &
ayans cauſe en ſoient payez, & qu'à ces fins
l'employ en ſoit fait dans les eſtats de nos Finances : Et pour le regard des Offices, gages &
droicts caſuels, dont il ſeroit difficile d'eſtablir
vn pied plus raiſonnable pour le rembourſement que ſur le prix qui en a eſté fait entre les
particuliers par ventes volontaires auant le premier Ianvier dernier, Nous voulons que l'eſti-
mation en ſoit faite ſur le pied du dernier vendu
en chacune Election, ſuiuant la iuſtification qui
en ſera faite par Contracts en bonne forme, &
qui ne puiſſent eſtre ſoupçonnez de fraude ny
de colluſion : Et en cas que leſdits droicts hereditaires ſoient compris dans les Contracts de
vente, diſtraction ſera faite de la valeur deſdits
droicts hereditaires, & le corps deſdits Offices
& droicts caſuels eſtimé ſeparément, comme

dit eſt. Le tout ainſi qu'il ſera reglé par les Commiſſaires qui ſeront à cette fin par nous deputez, pour eſtre les Proprietaires deſdits Offices ſupprimez, payez actuellement deſdites ſommes des deniers de nos Tailles, auſſi-toſt qu'il aura plû à Dieu donner la Paix à noſtre Royaume ; Et cependant nous voulons qu'à commencer au premier Ianvier prochain mil ſix cens cinquante-cinq ils ſoient payez des intereſts au denier dix-huit de ladite ſomme, ſur les trois premiers quartiers de nos Tailles ſans aucune diminution ny retranchement, pour quelque cauſe, & ſous quelque pretexte de neceſſité publique que ce puiſſe eſtre, dont l'employ ſera fait dans leſdits Eſtats de nos Finances. Et ne ſeront leſd. Officiers par nous reſeruez par noſtre preſent Edit, ſuiets à aucune ſuppreſſion, pour quelque cauſe & conſideration que ce ſoit, nonobſtant tous Edits, Ordonnances & Reglemens à ce contraires : Et deſirant par meſme moyen ſoulager nos peuples des frais des procez qu'ils intentent pardeuant les Officiers deſdites Elections, & par appel en nos Cours des Aydes, tant pour raiſon des ſurtaux, que décharges de la nomination des Collecteurs, à la pourſuite deſquels procez les parties ſe conſtituent en pluſieurs frais & dépenſes qui excedent ſouuent le principal, Nous voulons que pour le bien & ſoulagement de noſdits Subjets, leſdits Officiers des Elections par Nous reſeruez, iugent à l'aduenir des cottes des particuliers qui n'excederont point en tout la ſomme de vingt liures, ſans que les parties ſe puiſſent pouruoir

par appel, ny autrement contre lesdits iugemens
attendu la modicité des cottes, sinon en cas que
les Syndics & Procureurs des Communautez
soient demandeurs pour l'augmentation desdites cottes. Et quant à celles qui seront au dessus
de ladite somme de vingt liures, les Iugemens
desdits Eleus seront executez par prouision, sui-
uant nos Ordonnances & Reglemens cy-deuant
faits, leur en attribuant à cette fin tout pouuoir
& iurisdiction. Et où aucuns Collecteurs nom-
mez par les Habitans des Parroisses pretendront
d'en estre déchargez, ils seront tenus d'intenter
leur action dans le mois de Decembre precedent
l'année de leur collecte, sur laquelle lesdits Officiers feront droict sõmairement, pour estre leurs
Sentences en cas d'appel, aussi executées par
prouision; Et les Côllecteurs par eux confirmez, tenus faire la leuée desdites Tailles, à peine d'estre contraints en leurs propres & priuez
noms, au payement entier desdites impositions,
lequel appel les parties interessées seront tenuës
de faire iuger dans la fin du mois de Mars ensui-
uant en nos Cours des Aydes, ausquelles enjoi-
gnons d'ainsi le faire, apres lequel temps passé
ne pourront lesdits Collecteurs pretendre aucune décharge, ny se pouruoir en nosdites
Cours. Et d'autant que par nostre present Edit
nous attribuons de nouueaux pouuoirs, fonctions & émolumens aux Officiers que nous con-
seruons esdites Elections, & que par ce moyen
le prix de leurs Charges sera notablement augmenté, Nous ordonnons que lesdits Officiers
retenus, dont le nombre sera composé des anciens

ſiens en reception, payeront entre les mains du
Treſorier des parties Caſuelles, les ſommes au-
quelles ils ſeront modérement taxez en noſtre
Conſeil. Et à faute par leſdits Officiers retenus
tant Preſidens, Lieutenans, Aſſeſſeurs, Eleus,
que nos Procureurs, de les acquitter dans deux,
mois apres la ſignification des taxes qui ſera
faites aux Greffes deſdites Elections, Nous voulons & entendons ledit temps paſſé qu'ils de-
meurent ſupprimez, & que les autres Officiers
deſdites Elections qui ſe preſenteront ſoient receus ſelon l'ordre du Tableau, à payer leſdites
taxes au lieu & place de ceux qui ſeront en de-
meure; Et en cas de concurence entre leſdits
Officiers, ſeront les plus anciens preferez aux
autres, moyennant ledit payement ils ioüiront
de leurs Offices en la maniere qu'euſſent pû
faire leſdits anciens, leſquels au moyen de ce
demeureront ſupprimez, comme dit eſt, ſans
qu'apres ledit delay leſdits anciens Officiers
ſupprimez puiſſent eſtre receus pour quelque
cauſe que ce ſoit à rembourſer ceux qui auront
payé leſdites taxes à leurs defauts. Et leſquels Officiers qui auront ainſi payé iuſques
au nombre par nous retenu, demeureront
par nous confirmez enleurs Char-ges, ſans
y pouuoir eſtre troublez, ny comme dit
eſt, eſtre ſuiets à l'aduenir à aucune ſuppreſſion. Et d'autant que le principal but que nous
nous ſommes propoſez en faiſant la preſente
ſuppreſſion a eſté de ſoulager autant qu'il nous
ſera poſſible, nos Subjets contribuables aux
Tailles, ayant eſté deuëment informez que plu-

ſieurs particuliers pour s'exempter indeuëment
de la contribution de noſdites Tailles, & autres
Charges publiques, ſe ſont fait employer par fa-
ueur dans les Eſtats de noſtre Maiſon, & de
celles de noſtre tres-honorée Dame & Mere, de
noſtre tres-cher & tres-amé Frere vnique le Duc
d'Anjou, & de noſtre tres-cher & tres-amé On-
cle le Duc d'Orleans, ſans faire aucune fonction
ny exercice deſdites Charges, ce qui ſe tourne à
l'oppreſſion & ſurcharge de nos Subjets taillables, Nous voulons que ceux qui ſe ſont fait employer dans leſdits Eſtats, & leſquels ne ſeruent
actuellement, ſoient compris aux rolles des
Tailles, à commencer du premier Ianvier dernier, pour l'exemption deſquelles ceux qui ſer-
uiront actuellement ſeront obligez de repreſen-
ter les ampliations des quittances de leur gages,
& certificat de noſtre Cour des Aydes de Paris,
comme ils ſont employez dans les Eſtats que
nous y aurons enuoyez, dans leſquels le nombre
deſdits Officiers ſera reduit ſuiuant le Reglement fait en 1634. & ne pourra eſtre augmenté
pour quelque conſideration que ce ſoit: Faiſant
defenſes à noſtredite Cour de faire ny laiſſer
ioüir de ladite exemption, que ceux qui ſeront
employez dans les Eſtats des Maiſons cy-deſſus
exprimées : Et ſera informé de l'indeuë exemption des Tailles par ceux qui n'ont actuellement ſeruy ny receu gages, pour eſtre les deniers auſquels ils ont deu eſtre impoſez, repetez
ſur eux au profit des Parroiſſes où ils ſont do-
miciliez, en deduction des reſtes deubs par icelles. Et d'autant qu'il importe de pouruoir à la

ſeureté de nos deniers, Nous ordonnons que
ceux d'entre les Receueurs des Tailles qui ſeront par nous iugez les plus capables & les plus
ſoluables pour répondre de noſdits deniers, ſeront preferez aux autres, & conſeruez en la fonction de leurs Charges. Et à l'égard des Greffiers ils exerceront leurs Charges, ainſi qu'ils
ont fait cy-deuant, ſans neantmoins qu'ils puiſſent ioüir de l'exemption des Tailles, ſinon en
l'année de leur exercice. Si donnons en mande-
ment à nos amez & feaux Conſeillers, les Gens
tenans noſtre Chambre des Comptes & Cour
des Aydes à Paris, que ces Preſentes ils faſſent
lire, publier, regiſtrer, garder & obſeruer in-
uiolablement, ſans permettre qu'il y ſoit con-
treuenu en aucune maniere que ce ſoit, ceſſant
& faiſant ceſſer tous troubles & empeſchemens
au contraire, nonobſtant tous Edits, Declara-
tions, Arreſts, Reglemens, & autres choſes à ce
contraires, auſquelles & aux dérogatoires des
dérogatoires y contenuës, nous auons dérogé &
dérogeons par ces Preſentes, & nonobſtant auſſi
toutes oppoſitions ou appellations quelcon-
ques, dont ſi aucunes interuiennent, nous nous
en reſeruons la connoiſſance en noſtre Conſeil,
& l'interdiſons & defendons à tous nos Cours
& Iuges: Car tel eſt noſtre plaiſir. Et d'autant
que des Preſentes on pourra auoir beſoin en
pluſieurs & diuers lieux, nous voulons qu'aux
copies d'icelles, deuëment collationnées par
l'vn de nos amez & feaux Conſeillers & Secre-
taires, foy ſoit adiouſtée comme au preſent
Original, auquel afin que ce ſoit choſe ferme &

ftable à toufiours, nous auons fait mettre noftre
fcel, fauf en autre chofe noftre droict, & l'au-
truy en toutes. Donné à Paris au mois de Mars
l'an de grace mil fix cens cinquante-quatre, &
de noftre Regne le vnziéme. Signé, LOVIS.
Et plus bas, Par le Roy, De Guenegaud, &
fcellé en lacs de foye rouge & verte, du grand
Sceau de cire verte : Et au deffous eft encore
écrit.

*Leu, publié & regiftré en la Chambre des Comptes,
Oüy & ce confentant le Procureur General du Roy, du
tres-expres commandement de fa Majefté, porté par
Monfieur le Duc d'Anjou Frere vnique de fadite Majefté, affifté des Sieurs du Pleffis-Praflin, & de Ville-
Roy, Marefchaux de France, de Vertamont ; &
de Prieuffac, Confeillers ordinaires de fadite Majefté en fes Confeils, le neufiéme Mars mil fix cens cinquante-quatre. Signé, DENIS.*

*Leu, publié & regiftré du tres-expres commande-
ment du Roy, porté par Monfieur le Prince de Conty,
affifté du Sieur de Lhofpital, Marefchal de France, &
des Sieurs de Villemontée & de la Foffe, Confeillers
ordinaires de fa Majefté, en fon Confeil d'Eftat : Oüy
& ce requerant & confentant le Procureur General,
pour eftre executé felon fa forme & teneur. A Paris
en la Cour des Aydes les Chambres affemblées le neufiéme iour de Mars mil fix cens cinquante-quatre.
Signé, DV MOLIN.*

Arreſt du Conſeil d'Eſtat, portant Reglement general pour les Officiers des Elections de ce Royaume.

SVr le rapport fait au Roy en ſon Conſeil, par les Commiſſaires deputez par ſa Majeſté, pour regler les conteſtations qui interuiendront en l'execution de ſon Edit du mois de Mars dernier, & liquider les rembourſemens ordonnez eſtre fai ts aux Officiers des Elections ſupprimez par ledit Edit, de pluſieurs Requeſtes preſentées à ſa Majeſté, par aucuns Preſidens, Lieutenans, Eleus, Controlleurs, & Procureur de ſadite Majeſté, & autres Officiers deſdites Elections, pretendans eſtre du nombre des reſeruez par ledit Edit : Et voulant ſa Majeſté, regler & terminer les differens meus entre leſdits Officiers, & éuiter qu'ils ne ſe conſomment en frais à la pourſuite d'iceux. Le Roy en ſon Conſeil, a ordonné & ordonne que les Preſidens anciens en reception deſdites Elections, ſoit d'ancienneté ou nouuelle creation, feront preferez à payer la taxe de Preſident retenu, à la charge que ſi le ſecond en reception trouue auoir financé és coffres de ſa Majeſté, ou payé quelques ſommes de deniers par conuention particuliere, pour la preſceance & qualité de premier Preſident ; ledit Preſident ancien en reception, ſera ten u de le rembourſer de ce qu'il aura pour ce payé, & à faute par ledit Preſident ancien en reception de payer ladite taxe dans le temps porté par ledit Edit, l'autre Peſident ſera admis à la payer ſelon qu'il eſt porté par ledit Edit.

Que celuy des Lieutenans Ciuil, Criminel & Particulier, qui ſera le plus ancien en reception, ſera preferé aux autres à payer la taxe de Lieutenant retenu, & au defaut de payer ladite taxe dans le temps porté par ledit Edit, le plus ancien en reception des deux autres, ſera admis au payement de ladite taxe.

Que le Lieutenant Particulier Eleu qui ne ſe trouuera ancien en reception entre les Lieutenans, & qui n'aura eſté admis à payer la taxe de Lieutenant, ſera receu à payer la taxe d'vn des Eleus retenus, pourueu qu'il ſoit leur ancien en reception, & ſans qu'il puiſſe prendre la qualité de Lieutenant, qui demeurera ſupprimée, conformément audit Edit.

Que les Controlleurs Eleus, qui auront prouiſion ſeparée d'Eleu en leur nom, ſeront receus au temps porté par ledit Edit, à payer chacun la taxe d'vn des Eleus retenus, ſuiuant l'ordre de leur reception, à compter du iour de leurs Lettres de prouiſion d'Eleus.

Et à l'égard des Controlleurs Eleus qui n'auront point Lettres ſeparées d'Eleu, ils ne pourront eſtre receus à payer la taxe d'Eleu retenu, qu'au defaut de tous les autres Officiers.

Qu'aux Elections où aucuns des Officiers du nombre des reſeruez par ledit Edit, & depuis la verification & enregiſtrement d'iceluy ſoient decedez ſans auoir payé le droiƈt annuel, leſdits Offices vaccans demeureront ſupprimez, & ſeront les autres Eleus admis à payer la taxe d'Eleus retenus en la place deſdits Offices vaccans

& fupprimez, fuiuant l'ordre de leur reception; & en cas qu'aucun defdits Officiers decedez depuis ledit Edit euft payé ledit droiɛt annuel, celuy qui fera pourueu fur la nomination de la dite veufve ou heritiers, fera admis au payement de la taxe d'Eleu retenu, fuiuant l'ordre de la reception du decedé.

Qu'aux Eleɛtions où il n'y a des Prefidens, Lieutenans & Eleus, receus en nombre fuffifant, pour remplir les places des Officiers referuez par led. Edit, les Aduocats de fad. Majefté efdites Eleɛtions, receus & inftallez demeureront conferuez en qualité d'Eleus, & preferez aux porteurs des Lettres de prouifion des Officiers des Eleɛtions non pourueus, qui fe prefenteront pour eftre receus aufdits Offices.

Que tous lefdits Officiers referuez par ledit Edit, feront tenus de payer les taxes fur eux faites audit Confeil, en confequence dudit Edit, dans les termes y mentionnez, fur les peines y contenuës : Enjoignant fa Majefté aux Maiftres des Requeftes, & autres Commiffaires départis dans les Prouinces, de tenir la main à l'execution du prefent Reglement, & fait defenfes à toutes perfonnes d'y contreuenir, fur peine d'en répondre en leurs propres & priuez noms, & en cas d'oppofitions ou appellations, Sadite Majefté s'en eft referuée la connoiffance à foy en fondit Confeil, & icelle interdite à tous autres Iuges. Fait au Confeil d'Eftat du Roy, tenu à Paris le premier iour de Iuin mil fix cens cinquante-quatre. Signé, CATELAN.